PABLO GÓMEZ ÁLVAREZ

La inversión en piedra: Dura

Contenido

Prólogo: Esto no es un prólogo

Esto no es un prólogo, es un SALTO. Más adelante lo entenderás.

Permíteme contarte la historia de Juan, un joven que, hasta los 33 años, había seguido el camino que le habían trazado sus padres. Estudió una carrera que no le apasionaba, consiguió un trabajo **estable** en una empresa en la que no se sentía realizado y vivía una vida que no le hacía feliz.

Un día, después de muchas reflexiones y conversaciones con amigos y familiares, se dio cuenta de que estaba viviendo la vida que sus padres querían para él y no la vida que él quería para sí mismo. Decidió tomar las riendas de su vida y descubrir cuál era su verdadera pasión. Después de un largo proceso de introspección, Juan descubrió que su verdadera pasión era trabajar en el mundo de la moda, un sector que siempre le había interesado pero que había dejado de lado por temor a defraudar a su familia.

Juan se dio cuenta de que había perdido muchos años haciendo lo que otros esperaban de él y no había invertido tiempo en aprender y desarrollar su verdadera pasión. Así que comenzó a estudiar y trabajar en el mundo de la moda, primero como voluntario y después como empleado de una tienda local. Con el tiempo, Juan comenzó a desarrollar su carrera en el mundo de la moda y logró tener su propia empresa. Descubrió que el éxito no solo se mide por el dinero, sino por la satisfacción de hacer lo que amas y vivir la vida que deseas.

La historia de Juan nos recuerda que, en ocasiones, podemos vivir la vida que otros esperan de nosotros en lugar de la vida que realmente queremos. Es importante que nos hagamos preguntas difíciles y seamos honestos con nosotros mismos acerca de lo que realmente nos hace felices.

A veces, puede ser difícil saber por dónde empezar a buscar nuestra verdadera pasión y cómo lograr nuestros objetivos financieros. Este libro ha sido pensado para ayudarte a establecer metas claras, planificar tu futuro financiero y descubrir cómo invertir en bienes raíces para lograr una vida más plena y satisfactoria. Te enseñaré cómo identificar oportunidades de inversión inmobiliaria y evaluar las propiedades para determinar si son adecuadas para ti.

Sin embargo, este libro es más que una simple guía de inversión. Es un llamado a la acción para que cambies el enfoque que tienes en tu vida. Muchas veces, nos quedamos atascados en nuestra zona de confort y nos negamos a aprender y mejorar. Pero, si deseas tener éxito en cualquier área de la vida, es necesario estar dispuesto a aprender y cambiar.

Este libro es solo el comienzo de tu viaje hacia una vida financiera más saludable. Te animo a tomar las lecciones que se han escrito aquí y aplicarlas a tu vida diaria. Continúa aprendiendo y creciendo en tu conocimiento de inversión inmobiliaria y finanzas personales.

Recuerda, la educación financiera no es solo para aquellos que quieren hacerse ricos. Es para todos aquellos que desean tomar el control de sus finanzas y vivir una vida financiera saludable y próspera.

Espero que este libro te ayude a encontrar esa pasión y te brinde las herramientas necesarias para lograr una vida financiera más saludable. Recuerda, nunca es tarde para aprender y hacer cambios positivos en tu vida.

Así que, sin más preámbulos, te invito a sumergirte en las páginas de este libro y puedas acabar encontrando a la rana inmobiliaria que se esconde entre sus páginas.

I. Introducción a la inversión inmobiliaria

I.I ¿Por qué es importante la educación financiera e inversión en el mercado inmobiliario? ¿Quién debería leer este libro y qué pueden esperar de él?

La educación financiera y la inversión en el mercado inmobiliario son dos conceptos estrechamente relacionados. La educación financiera es esencial para cualquier persona que desee tener éxito en cualquier tipo de inversión, y la inversión en el mercado inmobiliario es una de las mejores formas de invertir y aumentar la riqueza a largo plazo.

En primer lugar, la educación financiera es importante porque te da las herramientas y conocimientos necesarios para tomar decisiones financieras inteligentes y hacer crecer tu dinero. Esto incluye el aprendizaje de conceptos básicos como el presupuesto y la gestión del crédito, así como el conocimiento de inversiones más avanzadas como el mercado de valores y el mercado inmobiliario.

La educación financiera es un tema que ha cobrado una gran importancia en los últimos años. A lo largo de la historia, la falta de conocimiento en este ámbito ha llevado a muchas personas a tomar decisiones financieras equivocadas, lo que ha tenido un impacto negativo en sus vidas. Por ejemplo, en la Gran Depresión de los años 30, muchas personas perdieron sus ahorros porque no habían diversificado sus inversiones y habían invertido todo su dinero en el mercado de valores. Este evento tuvo un efecto duradero en la conciencia financiera de la gente, y muchos comenzaron a entender la importancia de tener una educación financiera sólida.

Desde entonces, la educación financiera ha evolucionado mucho, y actualmente hay una gran cantidad de información y recursos disponibles para ayudar a las personas a comprender y gestionar sus finanzas de manera más efectiva. A pesar de esto, todavía hay muchas personas que no tienen una comprensión sólida de conceptos financieros básicos, como el ahorro, la inversión y el presupuesto. Esto puede llevar a decisiones financieras costosas y puede poner en riesgo la seguridad financiera a largo plazo.

En la actualidad, la educación financiera se ha convertido en una necesidad para la mayoría de las personas. No importa si eres un empleado, un emprendedor o un inversor, tener una comprensión sólida de los conceptos financieros es esencial para tener éxito en cualquier campo. Además, con la creciente complejidad del mundo financiero y la gran cantidad de opciones de inversión disponibles, es más importante que nunca tener una educación financiera sólida para evitar riesgos innecesarios y tomar decisiones acertadas.

En cuanto a la inversión inmobiliaria, es importante porque puede proporcionar ingresos pasivos a largo plazo y aumentar tu patrimonio neto. La propiedad inmobiliaria tiene el potencial de aumentar su valor a lo largo del tiempo, lo que significa que podrás obtener una ganancia significativa si decides venderla en el futuro.

El mercado inmobiliario ha sido una de las formas más antiguas de inversión y ha sido una de las principales fuentes de riqueza a lo largo de la historia. Desde la construcción de las primeras viviendas en la Edad de Piedra, la propiedad de la tierra ha sido un signo de riqueza y poder.

En la antigua Grecia, la propiedad de tierras y casas era una medida de la riqueza personal y se consideraba una inversión segura y confiable. En la antigua Roma, la propiedad de bienes raíces se convirtió en un negocio lucrativo, con muchos inversores adquiriendo grandes extensiones de tierra para cultivar y vender productos agrícolas.

Incluso en la Edad Media, los reyes y nobles adquirían grandes extensiones de tierra para aumentar su riqueza y poder político. En el siglo XIX, el aumento de la industrialización y la urbanización creó nuevas oportunidades para la inversión en bienes raíces. La construcción de ferrocarriles y carreteras permitió a la gente moverse a nuevas áreas, lo que generó una demanda de viviendas y locales comerciales.

Hoy en día, el mercado inmobiliario sigue siendo una inversión popular y rentable. En la última década, el valor de la propiedad inmobiliaria ha aumentado significativamente en muchas partes del mundo. Según el informe anual del Banco Mundial, la propiedad inmobiliaria representa el 60% del valor de los activos globales y continúa siendo una de las inversiones más seguras y rentables a largo plazo.

Una anécdota interesante es que el edificio más antiguo que aún se utiliza como vivienda, es la casa de madera Horyu-ji en Nara, Japón, que se construyó en el año 710 y todavía se encuentra habitada. Esta casa es un ejemplo de cómo la propiedad inmobiliaria puede ser una inversión duradera y una fuente de riqueza a lo largo de los siglos.

A través de la historia, la inversión inmobiliaria ha sido una forma popular y rentable de invertir. En este libro, aprenderás cómo invertir en el mercado inmobiliario y cómo maximizar tu potencial financiero en esta emocionante industria

Además, la inversión en el mercado inmobiliario puede proporcionar un flujo de ingresos mensuales a través de la renta de propiedades. Esta renta puede ser una fuente de ingresos confiable y estable a largo plazo, lo que significa que puede ser una buena opción para aquellos que buscan un ingreso pasivo adicional.

En cuanto a quién debería leer este libro y qué pueden esperar de él, este libro es para cualquier persona interesada en aprender sobre la inversión en el mercado inmobiliario y cómo aprovechar esta oportunidad de inversión para aumentar su riqueza a largo plazo. Si eres nuevo en el mundo de la inversión inmobiliaria, este libro te proporcionará una sólida base de conocimientos para comenzar.

En este libro, aprenderás sobre los fundamentos de la inversión inmobiliaria, cómo evaluar propiedades, cómo financiar una inversión inmobiliaria y cómo administrar una propiedad. También discutiremos temas como el mercado inmobiliario actual, los desafíos comunes que enfrentan los inversores inmobiliarios y estrategias para maximizar el retorno de tu inversión.

En resumen, la educación financiera y la inversión en el mercado inmobiliario son fundamentales para aquellos que buscan aumentar su riqueza y asegurar su futuro financiero. Este libro es una herramienta útil para aquellos que desean aprender más sobre la inversión inmobiliaria y cómo aprovechar esta oportunidad para lograr sus metas financieras a largo plazo.

I.II ¿Qué es la inversión inmobiliaria?

La inversión inmobiliaria es la compra de bienes raíces con el objetivo de generar ingresos a través de la renta, la reventa o el desarrollo de la propiedad. Esta es una forma de inversión popular y atractiva para muchas personas debido a su potencial para generar ingresos pasivos y aumentar la riqueza a largo plazo.

Una inversión inmobiliaria exitosa comienza con una buena planificación y una sólida estrategia de inversión. Antes de comprar una propiedad, es importante tener una comprensión clara de los factores que influyen en el valor de una propiedad y cómo se pueden usar para generar ingresos y aumentar el valor a lo largo del tiempo.

Hay varios factores que pueden afectar el valor de una propiedad, como su ubicación, su condición física, la demanda del mercado y las tasas de interés. Al evaluar una propiedad, es importante tener en cuenta estos factores y determinar si la propiedad tiene el potencial de generar ingresos a largo plazo.

Uno muy importante es la macroeconomía, que se refiere al estudio de la economía en su conjunto, tiene una gran influencia en el sector inmobiliario. Los factores macroeconómicos, como la inflación, la tasa de interés, el crecimiento económico, el desempleo y la política monetaria, pueden afectar directamente la demanda y la oferta de propiedades inmobiliarias.

Por ejemplo, durante un período de crecimiento económico, la demanda de propiedades inmobiliarias tiende a aumentar, ya que las personas tienen más ingresos y están dispuestas a invertir en bienes inmuebles. Por otro lado, durante una recesión económica, la demanda de propiedades inmobiliarias puede disminuir, ya que las personas tienen menos ingresos y priorizan otras necesidades.

Además, la tasa de interés también puede afectar la demanda de propiedades inmobiliarias, ya que las personas son menos propensas a invertir en bienes inmuebles cuando las tasas de interés son altas. Por otro lado, las bajas tasas de interés pueden estimular la demanda de propiedades inmobiliarias, ya que las personas pueden obtener financiamiento a un costo menor.

En conclusión, la macroeconomía es un factor crítico que afecta al sector inmobiliario. Es importante que los inversores inmobiliarios estén al tanto de los cambios macroeconómicos para tomar decisiones informadas y aprovechar las oportunidades de inversión en el mercado inmobiliario.

Además, es importante comprender los diferentes tipos de inversión inmobiliaria disponibles. Las opciones comunes incluyen la compra de propiedades para renta, la compra y venta de propiedades (conocido como flipping) y la inversión en propiedades comerciales. Cada tipo de inversión inmobiliaria tiene diferentes consideraciones y requisitos, por lo que es importante entender cuál se ajusta mejor a tus objetivos y situación financiera.

Otro factor importante en la inversión inmobiliaria es la gestión de la propiedad. La administración adecuada de una propiedad puede aumentar su valor y generar ingresos constantes. Esto puede implicar la selección cuidadosa de inquilinos, el mantenimiento y reparaciones regulares, y la gestión de las finanzas de la propiedad.

En resumen, la inversión inmobiliaria puede ser una estrategia efectiva para generar ingresos y aumentar la riqueza a largo plazo. Sin embargo, es importante tener una comprensión clara de los factores que influyen en el valor de una propiedad, las opciones de inversión disponibles y la gestión efectiva de la propiedad para lograr el éxito. En los siguientes capítulos, profundizaremos en cada uno de estos temas y más para ayudarte a lograr una inversión inmobiliaria exitosa.

I.III Razones para invertir en bienes raíces

La inversión en bienes raíces es una de las formas más populares y efectivas de invertir y hacer crecer tu dinero. Hay muchas razones por las que la inversión en bienes raíces es una opción atractiva para los inversores, desde el potencial de ganancias a largo plazo hasta la estabilidad y seguridad que ofrece la propiedad inmobiliaria. En este capítulo, exploraremos algunas de las razones más convincentes para invertir en bienes raíces.

Potencial de ganancias a largo plazo

Una de las principales razones para invertir en bienes raíces es el potencial de ganancias a largo plazo. A diferencia de otras formas de inversión, como el mercado de valores, la propiedad inmobiliaria tiene el potencial de aumentar su valor con el tiempo. Si compras una propiedad en una buena ubicación y la mantienes durante un período prolongado, es probable que veas un aumento significativo en su valor. Además, puedes obtener un flujo de ingresos constante a través de la renta de la propiedad, lo que puede aumentar aún más tus ganancias.

Diversificación de la cartera

La inversión en bienes raíces también puede ayudarte a diversificar tu cartera de inversiones. Si ya tienes inversiones en el mercado de valores u otras formas de inversión, agregar propiedades inmobiliarias a tu cartera puede ayudar a reducir el riesgo general de tu portafolio. Diversificar tu cartera de inversiones es importante para proteger tu dinero y aumentar tus posibilidades de obtener ganancias a largo plazo.

Estabilidad y seguridad

La propiedad inmobiliaria es una inversión relativamente estable y segura. A diferencia de las inversiones en el mercado de valores, la propiedad inmobiliaria no está sujeta a la volatilidad del mercado y puede proporcionar ingresos estables y confiables a largo plazo. Además, las propiedades inmobiliarias pueden ser una inversión segura y tangible que puedes ver y tocar.

Control y flexibilidad

Otra ventaja de invertir en bienes raíces es que tienes más control y flexibilidad sobre tu inversión. Puedes elegir el tipo de propiedad en el que deseas invertir, la ubicación y el precio, y también puedes elegir cómo financiar tu inversión. Además, puedes elegir entre mantener la propiedad a largo plazo y obtener ingresos constantes o venderla en el futuro para obtener una ganancia.

Beneficios fiscales

La inversión en bienes raíces también puede tener beneficios fiscales significativos. Por ejemplo, puedes deducir los gastos de mantenimiento y reparación de tus impuestos, lo que puede reducir significativamente el costo de la propiedad. Además, puedes obtener beneficios fiscales adicionales si decides vender la propiedad en el futuro.

En resumen, hay muchas razones para invertir en bienes raíces, desde el potencial de ganancias a largo plazo hasta la estabilidad y seguridad que ofrece la propiedad inmobiliaria. La inversión en bienes raíces también puede ayudarte a diversificar tu cartera de inversiones, ofrecer más control y flexibilidad sobre tus inversiones y tener beneficios fiscales significativos. Si estás considerando la inversión en bienes raíces, es importante que comprendas los pros y los contras de esta forma de inversión y que hagas tu debida diligencia antes de tomar una decisión. A medida que avanzamos en este libro, exploraremos más a fondo las diferentes formas de inversión inmobiliaria, cómo elegir la propiedad adecuada para invertir, cómo financiar tu inversión y cómo administrar y mantener tus propiedades.

I.IV Mitos y verdades sobre la inversión inmobiliaria (Historia)

La inversión en bienes raíces es una de las formas más antiguas y populares de inversión en el mundo. Sin embargo, como cualquier forma de inversión, hay muchos mitos y verdades que rodean la inversión inmobiliaria. En este capítulo, examinaremos algunos de los mitos y verdades más comunes sobre la inversión en bienes raíces.

Mito 1: La inversión inmobiliaria es solo para personas ricas

Verdad: Aunque es cierto que la inversión inmobiliaria requiere una cantidad significativa de capital, no es exclusiva para personas ricas. Hay muchas formas de inversión en bienes raíces que no requieren una gran cantidad de capital, como la inversión en fondos de inversión inmobiliaria, la propiedad compartida y la inversión en bienes raíces comerciales.

Mito 2: La inversión en bienes raíces siempre genera grandes ganancias

Verdad: Si bien es cierto que la inversión inmobiliaria puede ser muy rentable, no siempre genera grandes ganancias. La inversión en bienes raíces es un juego a largo plazo y requiere paciencia y estrategia. Además, como cualquier inversión, existe el riesgo de pérdida.

Mito 3: La inversión inmobiliaria es pasiva y no requiere trabajo

Verdad: Si bien es cierto que la inversión inmobiliaria puede generar ingresos pasivos, no es completamente pasiva. La inversión en bienes raíces requiere trabajo, esfuerzo y tiempo, especialmente al principio. Esto incluye la búsqueda de propiedades, la realización de la debida diligencia, la negociación de precios, la administración y el mantenimiento de las propiedades.

Mito 4: La inversión en bienes raíces es una forma segura de inversión

Verdad: Si bien la inversión en bienes raíces puede ser más estable y segura que otras formas de inversión, no es completamente segura. El mercado inmobiliario es susceptible a fluctuaciones y cambios, y los inversionistas pueden experimentar pérdidas en momentos de recesión o crisis económica.

Mito 5: Solo los expertos pueden invertir en bienes raíces

Verdad: Si bien la inversión inmobiliaria requiere conocimiento y experiencia, no es exclusiva para expertos. Cualquier persona puede aprender y mejorar sus habilidades de inversión en bienes raíces con la educación y la práctica adecuadas.

En resumen, en este capítulo hemos examinado algunos de los mitos y verdades más comunes sobre la inversión en bienes raíces. Es importante comprender estas verdades y mitos para tomar decisiones informadas al invertir en bienes raíces. A medida que continúes leyendo este libro, exploraremos más a fondo las diferentes formas de inversión inmobiliaria y cómo tomar decisiones informadas para maximizar tus ganancias.

II. Planificación financiera para la inversión inmobiliaria

II.I ESTABLECIMIENTO DE METAS FINANCIERAS

La inversión inmobiliaria puede ser una herramienta valiosa para alcanzar tus metas financieras a largo plazo. Sin embargo, para lograr el éxito en la inversión inmobiliaria, es fundamental establecer metas financieras claras y realistas.

Antes de invertir en bienes raíces, es importante determinar tus objetivos financieros. ¿Estás buscando generar ingresos pasivos a largo plazo? ¿Quieres acumular capital para una inversión futura? ¿O estás buscando una forma de diversificar tu cartera de inversiones? Al establecer tus metas financieras, podrás identificar qué tipo de inversión inmobiliaria es adecuada para ti.

Una vez que hayas establecido tus metas financieras, es importante desarrollar un plan financiero detallado para alcanzarlas. Esto incluye determinar cuánto capital estás dispuesto a invertir, cuánto tiempo estás dispuesto a invertir y cuál es el nivel de riesgo que estás dispuesto a asumir.

Es esencial evaluar cuidadosamente tus finanzas personales para determinar cuánto capital estás dispuesto a invertir. Es importante recordar que la inversión en bienes raíces requiere una cantidad significativa de capital inicial, y que también se requerirá un flujo de efectivo para mantener la propiedad. Además, debes tener en cuenta los costos asociados con la inversión, como impuestos, seguros y mantenimiento.

Una vez que hayas establecido tu capital de inversión, es importante determinar cuánto tiempo estás dispuesto a invertir. La inversión inmobiliaria a menudo es una inversión a largo plazo, y puede tomar varios años para generar un retorno significativo. Debes considerar cuánto tiempo estás dispuesto a esperar antes de ver un retorno de tu inversión.

También es importante considerar el nivel de riesgo que estás dispuesto a asumir en la inversión inmobiliaria. La inversión inmobiliaria puede ser una inversión más estable y segura en comparación con otras formas de inversión, pero todavía hay riesgos asociados con la inversión. Debes considerar cuál es tu tolerancia al riesgo y seleccionar una inversión inmobiliaria que se ajuste a ella.

Al establecer metas financieras y desarrollar un plan financiero detallado, estarás en una mejor posición para alcanzar el éxito en la inversión inmobiliaria. En el siguiente capítulo, exploraremos cómo identificar y evaluar oportunidades de inversión inmobiliaria para seleccionar la inversión adecuada para tus objetivos financieros.

II.II Presupuesto y ahorro

Si quieres ser un inversionista exitoso en bienes raíces, es esencial que tengas un buen manejo de tus finanzas personales. Esto incluye aprender a presupuestar y ahorrar de manera efectiva. En este capítulo, hablaremos sobre cómo crear un presupuesto y cómo ahorrar dinero para tus inversiones en el mercado inmobiliario.

Para empezar, es importante entender que un presupuesto no es más que una planificación de tus ingresos y gastos. El objetivo de crear un presupuesto es tener una idea clara de tu situación financiera y cómo puedes ajustar tus gastos para alcanzar tus metas de inversión.

El primer paso para crear un presupuesto es determinar tus ingresos mensuales, ya sea a través de tu salario, negocios o inversiones. Luego, identifica tus gastos mensuales, como facturas de servicios públicos, pago de préstamos, comida y transporte. Una vez que tengas una idea clara de tus ingresos y gastos, puedes crear una lista de prioridades y ajustar tus gastos para tener más dinero disponible para ahorrar e invertir.

Otro aspecto fundamental para tener éxito en la inversión inmobiliaria es aprender a ahorrar de manera efectiva. Ahorrar no significa privarse de todo, sino más bien priorizar tus gastos y encontrar formas de reducir los costos. Esto puede incluir desde recortar los gastos en entretenimiento hasta comprar artículos en descuento o usar cupones de descuento.

Una estrategia eficaz de ahorro es establecer metas específicas, por ejemplo, ahorrar un porcentaje específico de tus ingresos cada mes. Además, es importante tener en cuenta el plazo en el que deseas alcanzar tus metas de inversión y ajustar tus gastos en consecuencia.

Es importante destacar que la capacidad de ahorrar y presupuestar no es algo que se aprende de la noche a la mañana. Requiere práctica y paciencia, pero una vez que hayas desarrollado un hábito de ahorro efectivo, podrás aplicar este concepto a tus inversiones inmobiliarias y alcanzar tus objetivos financieros a largo plazo.

II.III Evaluación de la capacidad de endeudamiento

En el mundo de la inversión inmobiliaria, la capacidad de endeudamiento es un factor crucial que puede determinar si puedes o no obtener financiamiento para tus proyectos de inversión. Es importante tener una comprensión clara de tu capacidad de endeudamiento antes de empezar a buscar propiedades para invertir.

Tu capacidad de endeudamiento se refiere a la cantidad de dinero que puedes pedir prestado para la compra de una propiedad, basado en tu capacidad para pagar los préstamos. En otras palabras, se trata de la cantidad máxima de deuda que puedes asumir sin comprometer tu capacidad de pago.

Para determinar tu capacidad de endeudamiento, los prestamistas evaluarán tu historial crediticio, tus ingresos y tus gastos. Es importante tener un buen historial crediticio y mantener un bajo nivel de deudas para mejorar tu capacidad de endeudamiento. Además, es importante asegurarse de tener un ingreso estable y suficiente para pagar tus gastos y la deuda del préstamo.

Una vez que tengas una comprensión clara de tu capacidad de endeudamiento, puedes comenzar a buscar propiedades que se ajusten a tu presupuesto. Es importante tener en cuenta que no debes gastar más de lo que puedes pagar, incluso si crees que la propiedad es una gran inversión. Asegurarte de que puedas pagar tu préstamo y tus gastos es esencial para el éxito de tu inversión a largo plazo

II.IV Selección del tipo de inversión inmobiliaria

Una vez que hayas definido tus objetivos financieros y sepas cuánto puedes invertir, es importante que elijas el tipo de inversión inmobiliaria adecuado para ti. Hay varias opciones disponibles, y cada una tiene sus propias ventajas y desventajas.

Propiedades de alquiler: Las propiedades de alquiler son una opción popular para los inversores que buscan ingresos regulares. Estas propiedades pueden ser apartamentos, casas o edificios comerciales. El objetivo es encontrar inquilinos que paguen un alquiler mensual que cubra los gastos y genere una ganancia adicional. Esta opción también puede permitirte construir un patrimonio a largo plazo a medida que la propiedad aumenta en valor.

Flipping: La inversión en propiedades para "flippearlas" implica comprar una propiedad, renovarla y venderla rápidamente a un precio más alto. Esta opción es más adecuada para inversores con más experiencia, ya que implica un mayor riesgo y una inversión inicial más grande.

Inversión en crowdfunding inmobiliario: Esta opción se ha vuelto popular en los últimos años, especialmente para aquellos que buscan una forma más pasiva de inversión inmobiliaria. En lugar de comprar una propiedad física, los inversores pueden contribuir a un fondo que invierte en múltiples propiedades y reciben una parte proporcional de los ingresos.

Compra y retención: Esta opción es similar a las propiedades de alquiler, pero con un enfoque a más largo plazo. En lugar de buscar inquilinos para obtener ingresos regulares, los inversores buscan adquirir propiedades que crezcan en valor a largo plazo y se mantengan durante un período de tiempo más prolongado

III. Búsqueda y análisis de propiedades

III.I Identificación de oportunidades de inversión

Una vez que hayas establecido tus metas financieras y comprendas el tipo de inversión inmobiliaria que mejor se adapta a tus necesidades, es hora de comenzar la búsqueda de propiedades.

La primera consideración en la búsqueda de propiedades es la ubicación. El dicho "ubicación, ubicación, ubicación" sigue siendo válido en el mundo inmobiliario, ya que la ubicación puede tener un gran impacto en el valor y la rentabilidad de una propiedad. Las áreas cercanas a los centros urbanos y las zonas de alta demanda suelen ser las más atractivas para los inversores inmobiliarios. Asegúrate de investigar el área cuidadosamente, incluyendo los precios promedio de las propiedades y las tendencias del mercado.

Una vez que hayas identificado una ubicación adecuada, es importante analizar las propiedades específicas. Comienza por establecer un presupuesto y considerar el precio de compra, los costos de renovación y cualquier otro gasto asociado con la propiedad. También es importante evaluar el potencial de alquiler y la posible rentabilidad de la inversión.

Para encontrar propiedades, hay varias opciones disponibles. Puedes buscar en línea, consultar a agentes inmobiliarios o asistir a subastas de propiedades. Cada opción tiene sus pros y contras, por lo que es importante investigar y considerar cuidadosamente cada una antes de tomar una decisión.

Una vez que hayas encontrado una propiedad que te interese, es importante realizar una inspección exhaustiva. Asegúrate de examinar la propiedad por dentro y por fuera, evaluar cualquier daño o necesidad de reparación, y considerar cualquier problema estructural o de ingeniería. También debes revisar los documentos de la propiedad y verificar que todo esté en orden.

III.II Análisis del mercado inmobiliario

El éxito en la inversión inmobiliaria se basa en gran medida en la capacidad de analizar el mercado y identificar las tendencias actuales y futuras. Un mercado inmobiliario saludable es un factor crítico para el éxito en la inversión inmobiliaria.

En este capítulo, analizaremos los diferentes factores que afectan al mercado inmobiliario y cómo pueden impactar tus inversiones en bienes raíces. Además, discutiremos cómo puedes utilizar la información del mercado para identificar oportunidades de inversión y tomar decisiones informadas sobre la compra y venta de propiedades inmobiliarias.

Factores que afectan al mercado inmobiliario:

Ciclos económicos: El mercado inmobiliario está influenciado por la economía en general. Cuando la economía está en auge, la demanda de viviendas y propiedades comerciales suele ser alta. Sin embargo, en tiempos de recesión, la demanda disminuye y los precios pueden caer.

Tendencias demográficas: El crecimiento de la población y la migración interna pueden tener un impacto significativo en el mercado inmobiliario. Las ciudades que experimentan un aumento en la población pueden tener una demanda de viviendas y propiedades comerciales más alta, lo que aumenta los precios.

Política gubernamental: Las políticas gubernamentales, como los cambios en las tasas de interés y los incentivos fiscales, pueden influir en el mercado inmobiliario.

Oferta y demanda: La oferta y demanda de propiedades inmobiliarias es un factor clave que influye en los precios. Cuando hay una alta demanda y poca oferta, los precios tienden a subir.

Cómo analizar el mercado inmobiliario:

Estudia las tendencias del mercado en el área en la que estás interesado en invertir.

Compara los precios de las propiedades similares en el mercado.

Analiza la rentabilidad potencial de la inversión y el retorno de la inversión.

Considera los factores externos que pueden influir en el mercado, como la economía y las tendencias demográficas.

En resumen, para tener éxito en la inversión inmobiliaria, es importante entender los factores que afectan al mercado y saber cómo analizar las tendencias actuales y futuras. Al invertir en bienes raíces, debes ser consciente de los cambios en la economía, las tendencias demográficas y las políticas gubernamentales. Al analizar el mercado inmobiliario y las tendencias, podrás identificar oportunidades de inversión y tomar decisiones informadas sobre la compra y venta de propiedades inmobiliarias.

III.III Análisis de la rentabilidad de la inversión

Una vez que has identificado una propiedad inmobiliaria que consideras una buena oportunidad de inversión, es importante realizar un análisis detallado de la rentabilidad potencial. En este capítulo, te enseñaremos cómo calcular la rentabilidad de tu inversión y cómo interpretar los resultados.

Existen varios indicadores que se pueden utilizar para analizar la rentabilidad de una inversión inmobiliaria, entre ellos el ROI (retorno de la inversión), el cash on cash return (retorno de efectivo sobre efectivo), y el cap rate (tasa de capitalización). Veamos cada uno de ellos con más detalle:

ROI: El ROI es una medida de la rentabilidad que se obtiene de una inversión en relación con el costo de la inversión. Para calcular el ROI, divide el ingreso neto anual (ingresos totales menos gastos totales) entre el costo total de la inversión (precio de compra + gastos de cierre + costos de reparación y mejora). Luego, multiplica el resultado por 100 para expresar el ROI como un porcentaje. Por ejemplo, si una propiedad cuesta $100,000 y genera un ingreso neto anual de $10,000, el ROI sería del 10%.

Cash on cash return: El cash on cash return es una medida de la rentabilidad que se obtiene de una inversión en relación con el capital invertido. Para calcular el cash on cash return, divide el ingreso neto anual entre el capital invertido (es decir, el dinero que has invertido en la propiedad, excluyendo los préstamos). Por ejemplo, si una propiedad cuesta $100,000 y has invertido $20,000 en efectivo, y genera un ingreso neto anual de $10,000, el cash on cash return sería del 50%.

Cap rate: El cap rate es una medida de la rentabilidad que se obtiene de una inversión en relación con el valor de mercado de la propiedad. Para calcular el cap rate, divide el ingreso neto anual entre el valor de mercado de la propiedad. Por ejemplo, si una propiedad genera un ingreso neto anual de $10,000 y tiene un valor de mercado de $100,000, el cap rate sería del 10%.

Otro indicador importante es el flujo de efectivo descontado (DCF), que tiene en cuenta los flujos de efectivo futuros y los descuenta al valor presente para determinar el valor actual de la propiedad. El DCF es especialmente útil para evaluar la rentabilidad a largo plazo de una propiedad.

También es importante considerar el ratio de capitalización (cap rate), que se calcula dividiendo el ingreso neto operativo (NOI) de una propiedad por su valor de mercado. El cap rate se utiliza a menudo para comparar la rentabilidad de diferentes propiedades y mercados inmobiliarios.

Es importante recordar que estos indicadores no deben utilizarse de forma aislada, sino en conjunto con otros factores como el riesgo, la inflación, el potencial de apreciación del valor de la propiedad, entre otros. Por ejemplo, una propiedad que tiene un alto ROI pero se encuentra en un área de alta criminalidad o en declive económico, puede ser una inversión arriesgada.

Para realizar un análisis detallado de la rentabilidad de una inversión, es necesario considerar varios factores como el precio de compra, los costos de cierre, los costos de reparación y mejora, los ingresos de alquiler, los gastos operativos, los impuestos, el seguro y los costos de financiamiento. Por ejemplo, si planeas financiar la inversión, debes considerar los costos del préstamo como los intereses y las comisiones.

Es importante hacer una revisión de mercado para tener una idea de los precios de mercado en la zona en la que se encuentra la propiedad. También debes considerar las tendencias del mercado inmobiliario, ya que pueden afectar el valor de la propiedad en el futuro.

III.IV Evaluación de la propiedad y la ubicación

En este capítulo, discutiremos cómo identificar y evaluar oportunidades de inversión inmobiliaria para seleccionar la inversión adecuada para tus objetivos financieros.

Lo primero que debes hacer es investigar el mercado inmobiliario. Debes tener en cuenta la ubicación, el tipo de propiedad y la condición general del inmueble. La ubicación es un factor importante a considerar ya que puede afectar la demanda y el valor de la propiedad. Es importante investigar el área y determinar si hay alguna tendencia de crecimiento o disminución en la demanda.

También debes considerar el tipo de propiedad que deseas invertir. Las opciones de inversión incluyen apartamentos, casas, locales comerciales, terrenos y propiedades industriales. Cada tipo de propiedad tiene sus propias ventajas y desventajas, y es importante evaluar cuidadosamente cada opción antes de tomar una decisión.

La condición general del inmueble es otro factor importante a considerar. Si la propiedad está en malas condiciones, puede requerir una cantidad significativa de tiempo y dinero para repararla. Por otro lado, si la propiedad está en buenas condiciones, puede ser más fácil de alquilar o vender.

Una vez que hayas investigado el mercado inmobiliario y seleccionado el tipo de propiedad adecuado, es importante determinar el valor de la propiedad. Hay varias formas de determinar el valor de una propiedad, como la comparación de ventas recientes de propiedades similares en la misma área o el análisis de la rentabilidad potencial de la propiedad.

También debes considerar el potencial de ingresos de la propiedad. Si planeas alquilar la propiedad, debes considerar la renta que puedes cobrar. Si planeas vender la propiedad, debes considerar el valor de reventa potencial

Además, es importante considerar los costos asociados con la propiedad, como impuestos, seguros, mantenimiento y reparaciones. Debes tener en cuenta estos costos al determinar la rentabilidad potencial de la inversión.

En resumen, en este capítulo hemos explorado cómo identificar y evaluar oportunidades de inversión inmobiliaria para seleccionar la inversión adecuada para tus objetivos financieros. Al investigar el mercado inmobiliario, seleccionar el tipo de propiedad adecuado, determinar el valor de la propiedad y considerar los costos asociados, estarás en una mejor posición para tomar una decisión informada sobre la inversión inmobiliaria adecuada para ti. En el siguiente capítulo, discutiremos cómo financiar tu inversión inmobiliaria.

IV. Financiación y adquisición de propiedades
IV.I Fuentes de financiación

Las fuentes de financiación para la inversión en real estate son cruciales para los inversores que buscan adquirir propiedades. Algunas de las opciones más comunes incluyen las hipotecas, las sociedades limitadas y el crowdfunding inmobiliario. Las hipotecas son una opción popular que permiten al inversor adquirir una propiedad a cambio de un préstamo con intereses a un plazo determinado. Las sociedades limitadas, por otro lado, son una forma de estructurar la propiedad conjunta de una propiedad, especialmente en propiedades de gran escala. El crowdfunding inmobiliario es una opción relativamente nueva que permite a los inversores contribuir con pequeñas cantidades de dinero para financiar un proyecto inmobiliario en particular.

Es importante tener en cuenta que el inversor debe evaluar cuidadosamente los costos asociados con la adquisición de la propiedad y evaluar el riesgo y la rentabilidad esperada de la inversión. Por ejemplo, si un inversor quiere adquirir una propiedad de $500,000 y opta por una hipoteca con un interés del 4% a 30 años, tendría que pagar $343,585 en intereses durante todo el plazo del préstamo. Por otro lado, si el inversor se une a una sociedad limitada con otros dos inversores y cada uno aporta $166,666 para la adquisición de la propiedad, tendrían que considerar los acuerdos de gestión y los costos de mantenimiento, pero podrían obtener una rentabilidad atractiva si la propiedad es rentable.

Hipotecas: esta es una opción popular para adquirir propiedades, especialmente para aquellos inversores que no tienen la capacidad de pagar en efectivo. En general, las hipotecas son ofrecidas por bancos y entidades financieras, y permiten al inversor adquirir una propiedad a cambio de un préstamo, que deberá ser pagado con intereses en un plazo determinado.

La opción más común para financiar la adquisición de una propiedad inmobiliaria es a través de un préstamo hipotecario. Este tipo de financiamiento es ofrecido por bancos y otras entidades financieras y permite al inversor obtener el capital necesario para adquirir la propiedad a cambio de un compromiso de pago en un plazo determinado

Una de las principales características de los préstamos hipotecarios es que están respaldados por la propiedad misma, lo que significa que en caso de incumplimiento de pago, el prestamista puede tomar posesión de la propiedad para recuperar su inversión. Por esta razón, las entidades financieras suelen solicitar una tasación de la propiedad antes de otorgar el préstamo, para evaluar el valor real de la propiedad y garantizar que la inversión sea segura.

Otra característica importante de los préstamos hipotecarios es el plazo de pago, que puede variar de acuerdo con el tipo de préstamo y a la entidad financiera. En general, los plazos oscilan entre los 10 y los

30 años, y los pagos mensuales incluyen tanto el capital prestado como los intereses generados por el préstamo.

Además, es común que los préstamos hipotecarios incluyan una tasa de interés fija o variable, lo que puede influir en el monto total de los pagos mensuales y en el costo total del préstamo. Las tasas de interés fijas garantizan que el pago mensual se mantendrá constante durante todo el plazo del préstamo, mientras que las tasas variables pueden fluctuar de acuerdo con las condiciones del mercado.

Es importante que el inversor evalúe cuidadosamente las opciones de préstamo hipotecario disponibles antes de tomar una decisión, ya que las tasas de interés, los plazos y otros factores pueden variar considerablemente entre las diferentes entidades financieras. Además, es recomendable que el inversor cuente con un buen historial crediticio y una capacidad financiera suficiente para cumplir con los pagos del préstamo en el plazo establecido

Sociedades limitadas: también conocidas como LLCs, son una forma de estructurar la propiedad conjunta de una propiedad, donde los inversores pueden aportar una parte del capital necesario para adquirir la propiedad. Esta opción es común en propiedades de gran escala, como edificios comerciales o complejos de viviendas.

La opción de financiamiento mediante sociedades limitadas, también conocidas como LLCs, es una alternativa popular para inversionistas interesados en adquirir propiedades inmobiliarias de gran escala. En este tipo de estructura de inversión, los miembros de la LLC aportan una cantidad determinada de capital para la adquisición de la propiedad y comparten la responsabilidad y beneficios de la inversión.

A continuación, se detallan algunas de las características más relevantes de las sociedades limitadas:

Responsabilidad limitada: Una de las principales ventajas de las sociedades limitadas es que los miembros tienen responsabilidad limitada, lo que significa que su responsabilidad se limita a la cantidad de capital que han invertido. Esto ayuda a proteger los activos personales de los inversores en caso de problemas legales o financieros.

Flexibilidad en la estructura de la sociedad: Las LLCs permiten una gran flexibilidad en la estructura de la sociedad y en los acuerdos de distribución de beneficios y responsabilidades entre los miembros. Esto puede ser especialmente beneficioso en situaciones donde los miembros tienen diferentes necesidades financieras o de inversión.

Tributación: Las sociedades limitadas son entidades fiscales flexibles y pueden ser tratadas como passthrough, lo que significa que los ingresos y pérdidas se pasan a los miembros y se reportan en sus declaraciones de impuestos personales. Esto puede ser beneficioso para reducir la carga fiscal de los inversores.

Requisitos de registro y mantenimiento: Las sociedades limitadas deben registrarse en el estado donde se han constituido y deben cumplir con ciertos requisitos de mantenimiento, como la presentación de informes anuales y el mantenimiento de registros precisos.

Es importante destacar que las sociedades limitadas pueden ser una opción compleja y requieren una cuidadosa planificación y asesoramiento legal y financiero antes de su implementación. También es importante evaluar cuidadosamente el riesgo y la rentabilidad esperada de la inversión, así como el acuerdo de distribución de beneficios y responsabilidades entre los miembros.

En resumen, las sociedades limitadas son una opción atractiva para los inversores que buscan adquirir propiedades inmobiliarias de gran escala y compartir la responsabilidad y beneficios de la inversión. Sin embargo, es importante evaluar cuidadosamente los riesgos y beneficios, así como obtener asesoramiento legal y financiero antes de su implementación.

Crowdfunding inmobiliario: es una opción relativamente nueva que permite a los inversores contribuir con pequeñas cantidades de dinero para financiar un proyecto inmobiliario en particular. Esta opción es accesible para una amplia gama de inversores y puede ser una forma fácil y rentable de diversificar una cartera de inversiones.

El crowdfunding inmobiliario es una opción relativamente nueva que permite a los inversores contribuir con pequeñas cantidades de dinero para financiar un proyecto inmobiliario en particular. Esta opción es accesible para una amplia gama de inversores y puede ser una forma fácil y rentable de diversificar una cartera de inversiones.

A continuación, se describen algunas características clave del crowdfunding inmobiliario:

Accesible para una amplia gama de inversores: A diferencia de la inversión en bienes raíces tradicional, que generalmente requiere grandes cantidades de capital, el crowdfunding inmobiliario permite a los inversores contribuir con pequeñas cantidades de dinero para financiar un proyecto. Esto hace que la inversión inmobiliaria sea accesible para una amplia gama de inversores, incluidos aquellos con presupuestos más limitados.

Diversificación de la cartera de inversión: Al invertir en crowdfunding inmobiliario, los inversores tienen la oportunidad de diversificar su cartera de inversión más fácilmente. En lugar de invertir grandes sumas de dinero en una sola propiedad, los inversores pueden contribuir con pequeñas cantidades de dinero en varios proyectos inmobiliarios diferentes.

Transparencia: Los proyectos de crowdfunding inmobiliario suelen ser muy transparentes y ofrecer una gran cantidad de información sobre el proyecto en el que se está invirtiendo. Esto permite a los inversores tomar decisiones más informadas sobre su inversión y evaluar cuidadosamente el riesgo y la rentabilidad esperada de la inversión.

Rentabilidad potencial: Si bien el crowdfunding inmobiliario puede implicar un mayor riesgo que otras formas de inversión en bienes raíces, también puede ofrecer una rentabilidad potencialmente mayor. Al diversificar la inversión en varios proyectos, los inversores pueden aumentar su potencial de ganancias.

En resumen, el crowdfunding inmobiliario puede ser una opción atractiva para los inversores que buscan diversificar su cartera de inversión y acceder a oportunidades de inversión inmobiliaria con un presupuesto limitado. Sin embargo, es importante que los inversores evalúen cuidadosamente el riesgo y la rentabilidad esperada de cada proyecto antes de invertir su dinero.

Es importante destacar que, independientemente de la fuente de financiación elegida, el inversor debe tener en cuenta los costos asociados a la adquisición de la propiedad y evaluar cuidadosamente el riesgo y la rentabilidad esperada de la inversión. En general, los inversores deberían buscar una combinación de financiamiento que les permita minimizar el riesgo mientras maximizan el retorno de su inversión.

IV.II Proceso de adquisición de la propiedad

Cada uno de los pasos clave en el proceso de adquisición de una propiedad inmobiliaria tiene detalles importantes que se deben tener en cuenta para asegurar una inversión rentable y exitosa.

En primer lugar, la identificación de la propiedad implica una investigación exhaustiva del mercado inmobiliario local. El inversor debe definir sus criterios de inversión, como la ubicación, el tamaño y las características específicas de la propiedad, y buscar propiedades que cumplan con estos criterios. Una vez identificada una propiedad potencial, se debe llevar a cabo una evaluación cuidadosa de la misma.

La evaluación de la propiedad es un paso crucial en el proceso de adquisición de una propiedad inmobiliaria. Implica la realización de una inspección detallada de la propiedad, la revisión de los registros de propiedad y la evaluación de su historial de ingresos y gastos. Esta evaluación proporcionará información valiosa para determinar el valor real de la propiedad y su potencial de inversión.

Una vez evaluada la propiedad, se debe negociar el precio con el vendedor. Es importante hacer una oferta basada en la valoración de la propiedad y negociar los términos de la transacción, como el plazo de pago y los términos de la hipoteca.

Si se requiere financiamiento para adquirir la propiedad, el inversor debe obtener la aprobación del préstamo hipotecario o buscar otras formas de financiamiento, como la inversión en sociedades limitadas o el crowdfunding inmobiliario. Es importante obtener la financiación necesaria para la adquisición de la propiedad antes de proceder al cierre de la transacción.

El cierre de la transacción es el último paso en el proceso de adquisición de una propiedad inmobiliaria. Implica la preparación de los documentos legales necesarios, la firma de los contratos y la transferencia de la propiedad al comprador. Es importante llevar a cabo este paso cuidadosamente y asegurarse de que se hayan cumplido todas las condiciones acordadas en la negociación del precio y los términos de la transacción.

En conclusión, el proceso de adquisición de una propiedad inmobiliaria es complejo y requiere una serie de pasos importantes. Es fundamental llevar a cabo cada uno de estos pasos cuidadosamente para garantizar que la transacción se lleve a cabo de manera eficiente y efectiva, y para maximizar el potencial de inversión y rentabilidad.

IV.III Aspectos legales y fiscales

La inversión en bienes raíces no solo involucra aspectos financieros, sino que también tiene implicaciones legales y fiscales importantes que los inversores deben considerar cuidadosamente. En este capítulo, discutiremos algunos de los aspectos legales y fiscales clave relacionados con la inversión en bienes raíces y los impuestos y ventajas fiscales asociados.

Aspectos legales de la inversión en bienes raíces:

Antes de realizar cualquier inversión en bienes raíces, es importante entender las leyes y regulaciones que rigen la propiedad inmobiliaria. Esto puede incluir leyes de zonificación, regulaciones de construcción, y otros aspectos legales y regulaciones relacionadas con la propiedad. Además, es importante estar al tanto de cualquier requisito de permisos de construcción y de cumplimiento que puedan ser necesarios para llevar a cabo una inversión inmobiliaria exitosa.

Aspectos fiscales de la inversión en bienes raíces:

La inversión en bienes raíces también conlleva implicaciones fiscales importantes. A continuación, se describen algunos de los impuestos y ventajas fiscales más comunes asociados con la inversión en bienes raíces:

Impuesto sobre la propiedad: es un impuesto que se aplica a la propiedad inmobiliaria y se basa en el valor de la propiedad. Este impuesto es pagado por el propietario de la propiedad y puede ser un gasto significativo para los inversores en bienes raíces.

Impuesto sobre la renta: los ingresos generados por la inversión en bienes raíces pueden estar sujetos a impuestos sobre la renta. Los impuestos sobre la renta pueden variar según el tipo de propiedad y la estructura de la propiedad.

Ventajas fiscales de la inversión en bienes raíces:

A pesar de los impuestos asociados con la inversión en bienes raíces, hay una serie de ventajas fiscales que los inversores pueden aprovechar. Algunas de estas ventajas incluyen:

Deducciones de gastos: los inversores pueden deducir ciertos gastos relacionados con la propiedad, como los intereses hipotecarios y los gastos de mantenimiento, lo que puede reducir significativamente la cantidad de impuestos que deben pagar.

Depreciación de la propiedad: la depreciación es un gasto que permite a los inversores deducir el costo de la propiedad a lo largo del tiempo. Esta deducción puede reducir significativamente la cantidad de impuestos que los inversores deben pagar.

En conclusión, la inversión en bienes raíces es una opción popular para muchos inversores debido a su potencial de rentabilidad. Sin embargo, es importante considerar los aspectos legales y fiscales de la inversión para garantizar una inversión exitosa y rentable. Los impuestos y ventajas fiscales descritos anteriormente son solo algunos de los factores que deben ser considerados al realizar una inversión en bienes raíces.

V. Conclusiones y recomendaciones

En conclusión, invertir en bienes raíces puede ser una excelente opción para obtener ingresos pasivos y construir riqueza a largo plazo. Sin embargo, es importante tener en cuenta ciertos consejos para invertir con éxito y evitar errores comunes que pueden afectar negativamente el rendimiento de nuestra inversión.

Entre los consejos para invertir en bienes raíces con éxito, se destaca la importancia de la investigación exhaustiva del mercado y de la propiedad, la evaluación cuidadosa de los costos y los riesgos asociados a la inversión, y la diversificación de la cartera de inversiones.

Por otro lado, es esencial evitar errores comunes como la falta de planificación y la subestimación de los costos, la falta de conocimiento del mercado y la propiedad, y la falta de paciencia para obtener retornos a largo plazo.

Además, es importante tener en cuenta las perspectivas futuras del mercado inmobiliario y de la inversión en bienes raíces. A medida que el mundo cambia y evoluciona, las oportunidades de inversión en bienes raíces también cambian. Los inversores deben estar atentos a las tendencias del mercado y adaptarse a ellas para aprovechar las oportunidades.

En conclusión, la inversión inmobiliaria puede ser una excelente opción para los inversores que buscan diversificar sus carteras y obtener ingresos pasivos a largo plazo. Al seguir los consejos para invertir con éxito, evitar errores comunes y estar al tanto de las perspectivas futuras del mercado inmobiliario, los inversores pueden lograr una inversión exitosa y rentable en bienes raíces.